W0355559

Disney

ALICE au pays des MERVEILLES

TAROT

78 ARCANES
ET 1 GUIDE EXPLICATIF

MINERVA SIEGEL
ILLUSTRATIONS DE LISA VANNINA
TRADUCTION DE XAVIER HANART

hachette
HEROES

Sommaire

Avant-propos

Bienvenue dans notre ouvrage *Alice au Pays des Merveilles – Tarot 78 arcanes et 1 guide explicatif* où vous allez pouvoir poursuivre votre curiosité jusqu'au fond du terrier du Lapin Blanc et vivre l'aventure passionnante qui fera de vous un expert de la lecture du tarot. Célébrant le soixante-dixième anniversaire du chef-d'œuvre de Disney, ce livre va vous entraîner dans un voyage où vous découvrirez les situations classiques, les épreuves et les enseignements qui accompagnent le tarot, vus à travers le miroir déformant du Pays des Merveilles. Auprès du Chapelier Fou, vous développerez votre inspiration créative. La Chenille vous fera apprécier le concept de la métamorphose et vous découvrirez de nouvelles perspectives en vous fiant à votre intuition lorsque vous lirez le tarot.

On croit souvent que la lecture du tarot ne sert qu'à prévoir l'avenir, mais on peut faire bien plus que « dire la bonne aventure. » En tant que guide précieux qui vous accompagnera sur le chemin de la vie, le tarot peut être un outil puissant d'exploration et de progression personnelle. Il peut notamment vous aider à mûrir votre jugement. Vous mettre en phase avec vos sentiments afin de vous éclairer au moment de prendre une décision, voire vous indiquer le but que vous voulez atteindre. Si certains utilisent le tarot pour révéler un avenir éventuel, n'oubliez pas que rien n'est gravé dans le marbre. Il sert avant tout

à prodiguer des mises en garde ou des conseils qui vous aideront à faire des choix plus étayés.

Les illustrations du tarot *Alice au Pays des Merveilles* reprennent les personnages, les thèmes et les passages iconiques du film. La sélection a été conduite avec soin, dans le respect du sens profond de chaque lame du tarot. Ce livret détaille chaque carte dans sa position à l'endroit ou à l'envers. Le dernier chapitre présente différentes dispositions permettant de mener quelques lectures simples.

Êtes-vous prêt à vous lancer ? Ne soyez pas en retard à ce rendez-vous important avec le destin. Croyez-nous, la suite s'annonce *de plus en plus curieuse...*

Les clés de votre tarot

Apprendre à lire le tarot peut sembler impressionnant, mais vous allez découvrir que cela devient vite très intuitif. Dans *Alice au Pays des Merveilles – Tarot 78 arcanes et 1 guide explicatif*, les célèbres personnages du film sont liés individuellement à des lames de tarot sur la base de leur passé et de leur personnalité, afin de correspondre aux thèmes, aux principes, aux mises en garde ou aux leçons que représente chaque carte. La signification varie selon que la carte est à l'endroit ou à l'envers. Ce manuel présente donc une interprétation pour chaque orientation.

Un jeu de tarot rassemble 78 cartes et chacune d'entre elles a une signification différente selon qu'elle se présente à l'endroit ou à l'envers. Appelées « Arcanes Majeurs », les 22 premières représentent des thèmes importants et des leçons de vie essentielles dont l'impact perdure. Numérotées de 0 à XXI, ces lames racontent l'histoire du Fou (premier des Arcanes Majeurs), un personnage qui entame un périple passionnant et parfois déchirant jusqu'à atteindre l'illumination et l'accomplissement.

Outre les 22 Arcanes Majeurs, le reste des cartes qui composent le jeu de tarot sont appelées « Arcanes Mineurs. » Représentant des situations du quotidien et des thèmes aux effets à court terme, les 56 Arcanes Mineurs

0 LE FOU

XIV LA TEMPÉRANCE

LE CAVALIER DE LANCE

LE VALET DE FLEUR

sont divisés en quatre suites. Dans ce tarot inspiré par *Alice au Pays des Merveilles,* ces suites s'appellent « Fleur », « Hérisson », « Lance » et « Tasse à thé », nos versions des classiques « Bâton », « Pentacle », « Épée » et « Coupe. »

Les lames « Fleur » sont liées à la communication, la créativité, le voyage et l'inspiration. L'élément qui leur est associé est le feu.

Les lames « Hérisson » représentent la sécurité, la carrière, le devoir et le foyer. Ce groupe est associé à la terre.

La suite de « Lance » est lié à l'action, au jugement, au pouvoir et à l'intellect. Ces cartes sont rattachées à l'élément air.

La suite de « Tasse à thé » symbolise les émotions, les relations et les liens personnels

avec la famille et les amis. Ces lames sont associées à l'eau.

Chacun de ces groupes inclut quatre cartes dites « de cour : » le Valet, le Cavalier, la Reine et le Roi. Elles symbolisent les différentes personnalités, les comportements et, parfois, des personnes que vous connaissez. Les autres cartes sont numérotées de I (l'As) à X.

LES ARCANES MAJEURS

0 Le Fou

Description : comme Alice, Le Fou représente un personnage qui, pour satisfaire sa curiosité, va vivre un périple qui changera sa vie. Attentif, paré pour l'aventure et sans doute un peu naïf, Le Fou dégringole jusqu'au plus profond du terrier du Lapin Blanc sans s'inquiéter de savoir où celui-ci mène ni quels aléas pourraient jalonner son trajet.

À l'endroit : l'aventure d'une vie vous tend les bras ! Qui peut dire quels personnages fantastiques et quelles situations déroutantes vous allez rencontrer ? Restez optimiste tout au long de votre voyage, car ces épreuves vous enseigneront des leçons essentielles et vos victoires vous permettront d'appréhender la vie selon une perspective nouvelle et formidable.

À l'envers : dans cette position, Le Fou suggère que vous pourriez rater un rendez-vous très important. Vous êtes au seuil d'un voyage essentiel, mais vous hésitez. Avez-vous reporté une conversation susceptible de changer votre vie ? Avez-vous multiplié les excuses pour reporter un projet ? Avez-vous remis à plus tard quelque chose que vous aviez à faire ? Le moment est venu de prendre votre courage à deux mains et de vous risquer avec détermination dans l'inconnu tout en restant persuadé que tout va bien se passer.

I Le Magicien

Description : Le Magicien représente quelqu'un qui, comme le Chapelier Fou, déborde d'enthousiasme et de créativité. Si le Chapelier sert le thé en défiant les lois de la gravité, Le Magicien possède des talents uniques et utilise ses dons innés pour créer la vie qu'il souhaite mener.

À l'endroit : vous êtes porté par l'inspiration. Vous voyez le monde sous un angle qui vous est propre et l'heure est venue d'utiliser cette perspective à bon escient. Appuyez-vous sur votre créativité. Nul ne sait jusqu'où elle vous mènera !

À l'envers : manqueriez-vous de confiance en vous ? Quand elle est renversée, la lame du Magicien indique que vous doutez de vos talents ou que vous manquez de motivation pour vous en servir. Vous êtes pourtant plus que capable de réaliser vos rêves. Ne vous laissez pas rattraper par les conventions. En restant fidèle à vous-même, vous accomplirez des prodiges.

10/6

II La Grande Prêtresse

Description : La Grande Prêtresse représente la sagesse, l'intuition et le subconscient. Cette lame, tel le Chat du Cheshire, transmet le message voulant que les choses ne sont pas ce qu'elles semblent être.

À l'endroit : La Grande Prêtresse vous conseille de ne pas vous fier aux apparences. Analysez et utilisez votre intuition afin de comprendre ce qui se passe vraiment sous la surface. Prenez le temps de considérer la situation de différents points de vue et vous pourriez découvrir que les difficultés que vous envisagiez ne sont qu'illusions.

À l'envers : le Chat du Cheshire laisse souvent Alice en pleine confusion. Si vous vous débattez sans être capable d'y voir clair, calmez-vous et prenez le temps d'écouter votre petite voix intérieure. Vous n'avez désormais plus besoin de conseils extérieurs. Suivre votre intuition vous mènera là où vous devez vous rendre.

III L'Impératrice

Description : la Reine de Cœur eſt une souveraine respectée qui aime jouer au croquet en plein air avec des flamants roses et des hérissons et elle apprécie beaucoup sa roseraie. L'Impératrice représente une femme puissante et nourricière qui, comme la Reine de Cœur, aime la nature.

À l'endroit : L'Impératrice rappelle qu'il faut traiter autrui avec dignité et compassion, leçon que la Reine de Cœur devrait appliquer à la lettre. Cette lame du tarot a pour thème l'appréciation de la beauté et de la nature. Prenez le temps de vous plonger dans un bel environnement, que ce soit en redécorant, en sortant pour vous reconnecter avec la nature ou en plantant votre propre roseraie.

À l'envers : dans cette position, L'Impératrice représente une personne mal assurée qui en fait trop pour être admirée par les autres. Ne perdez pas la tête dans le seul but d'obtenir l'aval de ceux qui vous entourent et n'oubliez pas que compter sur autrui pour se sentir mieux n'eſt pas sain. La véritable confiance et la vraie beauté viennent de l'intérieur.

IV L'Empereur

Description : le Roi de Cœur est un souverain aimable qui tente souvent de persuader son épouse, la Reine de Cœur, d'être raisonnable et de garder son calme. L'Empereur symbolise un patriarche, figure d'autorité qui, comme le Roi de Cœur, apprécie le bon sens et l'autodiscipline.

À l'endroit : s'il est tentant de céder à la colère, L'Empereur vous rappelle combien il est important de garder son calme. Cette fois-ci, n'agissez pas avec impulsivité. Prenez le temps d'envisager la situation avec discernement plutôt que de réagir instinctivement, ce que vous pourriez regretter à long terme.

À l'envers : dans cette position, L'Empereur suggère que vous manquez de discipline et que vous vous sentez impuissant. Cette lame constitue un rappel important : vous êtes bien plus capable de vous contrôler que vous le pensez. Pour réussir, maîtrisez votre volonté et votre détermination.

V L'Hiérophante

Description : Alice étant facilement distraite, sa sœur fait de son mieux pour qu'elle reste concentrée sur son cours d'Histoire. Et, à l'instar de la sœur d'Alice, L'Hiérophante est un enseignant plein de sagesse qui apprécie l'éducation, la structure et la tradition.

À l'endroit : L'Hiérophante indique que ni l'heure ni le contexte ne se prêtent à l'anticonformisme et à la rébellion. Fiez-vous immédiatement à des mentors et des figures d'autorité qui sauront vous guider. Auriez-vous l'obligeance de faire preuve d'attention ? Vous avez tant de choses à apprendre.

À l'envers : seriez-vous en train de vous rebeller contre une autorité qui régit votre vie ? S'il vous est difficile de vous conformer aux traditions ou à un mode de pensée qui ne vous convient pas, il est peut-être temps de suivre votre cœur – ou le Lapin Blanc – sur un chemin totalement nouveau. Qui peut dire quelles aventures extraordinaires vous attendent ?

VI L'Amour

Description : Tweedle Dee et Tweedle Dum sont en parfaite harmonie l'un envers l'autre. La carte L'Amour représente un partenariat, une amitié ou une collaboration idéale, aussi forte et évidente que le lien qui unit Tweedle Dee et Tweedle Dum.

À l'endroit : la carte L'Amour représente une union harmonieuse, mais implique également l'idée d'un choix. Même les meilleures amitiés et les partenariats idéaux ont besoin d'être entretenus pour perdurer. Choisirez-vous de renforcer les liens qui vous sont chers ? Vos relations auraient-elles besoin d'être raffermies ? Réfléchissez bien et n'hésitez pas à partager ouvertement ce qui vous préoccupe.

À l'envers : dans cette position, cette lame suggère qu'une relation précieuse à vos yeux s'est détériorée. Vous devez donc prendre une décision : tenterez-vous de renouer ce lien ou est-il temps de s'en aller? Même Tweedle Dee et Tweedle Dum vivent parfois des conflits, mais si une relation n'est plus dans votre intérêt, peut-être vaut-il mieux couper les ponts et continuer seul.

VII Le Chariot

Description : Le Chariot représente l'action, le triomphe, le mouvement et l'élan. À l'envers, cette lame représente l'impuissance et le désarroi que ressent Alice alors qu'elle est emportée par le courant qui traverse son océan de larmes.

À l'endroit : Le Chariot véhicule un message clair : « Restez sur le chemin ! » Vous êtes désormais le maître de votre destinée. À condition de vous concentrer, de garder confiance et de poursuivre vos efforts pour atteindre votre but, vous triompherez de tous les obstacles qui se dressent devant vous.

À l'envers : avez-vous le sentiment d'être balloté par des forces sur lesquelles vous n'exercez aucune influence ? Privé d'énergie, vous vous laissez entraîner où le courant vous mène. Pour autant, n'allez pas emprunter des chemins qui ne vous conviennent pas. N'oubliez pas que vous avez la force de tracer votre propre route et de choisir la direction idéale pour vous.

VIII La Force

Description : montrant par tradition un puissant lion que l'on a dompté en faisant preuve de douceur et de compassion plutôt que de force brute, la lame de La Force suggère de persuader avec délicatesse et de diriger avec obligeance.

À l'endroit : quand vous faites face à des défis qui vous semblent effrayants, voire insurmontables, La Force vous rappelle de garder votre calme. Agir sous le coup de la colère ne vous aidera pas. Faites plutôt preuve de pondération et gardez la tête sur les épaules. Ainsi, vous pourriez découvrir que le monstre effrayant que vous pensiez affronter n'est pas plus féroce qu'un chaton.

À l'envers : disposée ainsi, la carte de La Force évoque une piètre image de soi-même ou un manque de confiance. Vous vous sentez peut-être vulnérable, mais n'oubliez pas que même la fragilité recèle de la force. Parfois, il faut savoir baisser les bras pour parvenir à se connecter aux autres... et à soi-même. Être fort, ce n'est pas nécessairement se montrer fanfaron, tapageur et expansif. Il y a également de la force dans la tendresse et la discrétion.

IX L'Ermite

Description : à l'abri dans sa théière, le Loir profite de la solitude pour échafauder quelques rimes ambigües (« Scintille, ô ma chauve-souris. Que fais-tu dans le soir tout gris ? »). L'Ermite eſt un personnage qui tient aussi à son intimité et aime être seul pour méditer.

À l'endroit : L'Ermite indique clairement qu'il eſt temps de prendre du recul. Il eſt parfois compliqué d'évaluer les situations et les relations d'un point de vue sensé quand on eſt impliqué. Se donner de l'espace pour vivre un moment seul dans l'introspection vous fera le plus grand bien.

À l'envers : passer du temps seul avec soi-même peut être revigorant et sain, mais, quand elle eſt retournée, la lame de L'Ermite suggère que l'introspection s'eſt transformée en isolement et en solitude. Il se peut que vous réfléchissiez trop, générant ainsi un surplus d'inquiétude inutile pour vous-même. N'oubliez pas de surgir de votre cachette et de rejoindre vos amis pour partager le thé avec eux de temps à autre !

X La Roue de Fortune

Description : l'oiseau Dodo est posté au sommet d'un rocher autour duquel ses amis courent pour se sécher, car les vagues déferlent sans cesse et les mouillent. Dans un mouvement perpétuel, tout le monde continue de tourner entre chaque vague, en attendant que le soleil les réchauffe à nouveau. La Roue de Fortune nous rappelle que la vie évolue constamment et que les bons moments, comme les mauvais, ne durent jamais éternellement.

À l'endroit : La Roue de Fortune symbolise le changement. La vie n'a rien de statique. C'est un mouvement constant et une évolution permanente. Parfois, cette lame du tarot représente une période pivot ou un événement inattendu qui va changer le cours de votre vie. Vivez ce revirement dans l'optimisme et restez convaincu que tout va se dérouler le mieux possible.

À l'envers : avez-vous le sentiment de courir en rond sans faire le moindre progrès réel ? Dans cette position, La Roue de Fortune laisse entendre que vous ressentez un blocage qui vous immobilise. Il vous faudrait sortir de la routine. Bousculez les choses et changez de direction afin de renouer avec la chance et vous ouvrir de formidables opportunités.

XI La Justice

Description : le Roi de Cœur exhorte son épouse à contrôler ses humeurs et préside à la cour chargée de juger Alice. La Justice symbolise la sagesse, la moralité, l'équité et les responsabilités.

À l'endroit : demeurer objectif peut s'avérer difficile quand on aborde des sujets qui nous sont personnels, mais la carte de La Justice vous encourage à vous montrer juste et rationnel. Assurez-vous de bien comprendre toute la situation et de voir les choses sous un angle impartial et pondéré avant de prendre vos décisions.

À l'envers : dans cette position, la lame de La Justice marque un déséquilibre et de l'iniquité. Prenez du recul et évaluez les échanges qui interviennent dans votre vie. Êtes-vous traité avec justice dans votre travail ? Vos amitiés et vos autres relations vous apportent-elles ce que vous en attendez ? Et, en retour, traitez-vous les autres avec équité et consacrez-vous l'énergie nécessaire pour entretenir les liens qui vous semblent importants ? Il y a un déséquilibre dans votre vie. Il vous faut cerner le problème afin de retrouver plus de stabilité et d'harmonie.

XII Le Pendu

Description : l'imagination et la curiosité d'Alice l'ont fait dégringoler jusqu'au fond du terrier du Lapin Blanc et entamer une aventure délirante. Le Pendu symbolise l'importance de faire des pauses pour explorer, rêver et voir le monde sous des angles inédits.

À l'endroit : Le Pendu vous encourage à dépasser votre routine et vos perspectives habituelles. Examinez de nouveaux points de vue. Même si vous choisissez de ne pas les adopter, poser un regard neuf sur le monde contribuera à enrichir votre expérience personnelle. Comme Alice, restez toujours *de plus en plus curieux...*

À l'envers : vous sentez-vous dépassé et hésitez-vous quant au chemin à suivre ? Dans cette position, Le Pendu symbolise l'indécision et les atermoiements. Ne réfléchissez pas à outrance, car la situation est contrôlée par des forces sur lesquelles vous ne pouvez rien. Il faut parfois accepter de ne rien maîtriser et de s'en remettre à la foi en laissant les cartes décider de la suite.

XIII La Mort

Description : à l'image de la Chenille appelée à se transformer en magnifique papillon, La Mort symbolise les transitions, les métamorphoses et l'évolution qui nous attendent sur le trajet allant du commencement à la fin.

À l'endroit : vous traversez une période cruciale de changement. Prenez exemple sur la Chenille pleine de sagesse et acceptez de bonne grâce tout ce que la vie vous réserve. Que vous entamiez une nouvelle carrière, que vous déménagiez ou que vous entrepreniez des changements plus personnels, restez persuadé que ce processus vous apportera sagesse et bonheur.

À l'envers : accepter le changement peut parfois s'avérer compliqué. On angoisse à l'idée de sortir de sa zone de confort. Dans cette position, La Mort rappelle que repousser l'inévitable ne fera que rendre le processus interminable. Souvenez-vous que les commencements et les fins sont des cycles naturels de la vie. La transition que vous reportez est nécessaire. Il est donc temps de s'armer de courage et de faire un grand pas en avant.

XIV La Tempérance

Description : une fois au Pays des Merveilles, Alice a bien du mal à trouver l'équilibre parfait entre grandir et rapetisser alors qu'elle fouille dans les fioles et les biscuits de métamorphose. La carte Tempérance prône l'équilibre. Elle offre, prend et mêle divers éléments pour atteindre l'harmonie.

À l'endroit : La Tempérance suggère que vous êtes bien parti pour créer la vie que vous souhaitez mener, mais vous devez garder la tête sur les épaules. Veillez à rester raisonnable en menant toutes les tâches et en prenant les initiatives qui finiront par aboutir pour vous apporter le succès. Plus que jamais, privilégiez la modération et assurez-vous d'envisager avec soin chacune de vos décisions.

À l'envers : dans cette position, La Tempérance symbolise l'excès et un manque de prévoyance. Si vous cherchez la gratification immédiate, il serait utile de revoir vos actions. Assurez-vous de vous comporter d'une manière qui vous sera bénéfique à l'avenir et vous préparera à un succès à long terme. Prenez soin de ne pas céder à la tentation. Au lieu de cela, privilégiez la modération. Tout comme Alice, vous excellez dans l'art de vous prodiguer des conseils. Il serait temps de les suivre.

XV Le Diable

Description : le Morse attire les Petites Huîtres curieuses loin de la mer protectrice en leur faisant d'irrésistibles promesses afin qu'elles rejoignent la rive contre l'avis de leur mère, ce qui signe leur arrêt de mort. Cette carte vous avertit de ne pas céder à la tentation.

À l'endroit : *grands dieux !* Cette carte est considérée comme un avertissement. Vous pouvez vous sentir tenté de céder à quelque chose qui sera gratifiant dans l'immédiat, mais qui entraînera des conséquences néfastes à long terme. Le Diable peut aussi indiquer que vous vous sentez incapable de mettre un terme à un comportement ou à une situation nuisible. Toutefois, cette carte vous assure également que vous disposez de plus de contrôle que vous le pensez.

À l'envers : dans cette position, Le Diable suggère que vous avez abandonné une mauvaise habitude ou retourné une situation fâcheuse à votre avantage. Avant de vous préparer un excellent thé pour fêter ça, n'oubliez pas que cette lame est aussi un avertissement : bien que vous alliez dans la bonne direction, la tentation perdure et les choses peuvent à nouveau se gâter si vous n'y prenez garde. Donc, avancez dans cette nouvelle direction salutaire, mais restez vigilant.

XVI La Tour

Description : une catastrophe frappe le logis du Lapin Blanc quand Alice croque dans un biscuit qui, contre toute attente, lui fait atteindre une taille gigantesque. La Tour symbolise un cataclysme ou un effondrement soudain et irrémédiable.

À l'endroit : si la lame La Tour évoque une calamité et la destruction, il est important de savoir que ce message n'est pas toujours aussi sinistre qu'il y paraît. Parfois, les choses doivent cesser d'exister pour laisser la place au renouveau. La Tour représente une révélation inattendue ou un événement qui va déstabiliser un aspect important de votre vie, qu'il s'agisse d'une relation, d'un emploi, d'une conviction, etc. Mais le vide que cela va créer vous offre l'opportunité de bâtir autre chose de plus solide.

À l'envers : inversée, cette carte indique que la révélation ou l'événement catastrophique qu'elle symbolise quand elle est à l'endroit est reporté. Par exemple, auriez-vous remis à plus tard une conversation cruciale, voire qui pourrait changer votre vie ? Hésiteriez-vous à mettre un terme à quelque chose, même si vous savez que c'est nécessaire ? Parfois, La Tour à l'envers évoque un déni. Donc, soyez honnête avec vous-même. Repousser l'inévitable ne fera que retarder l'arrivée d'une opportunité et le sentiment de liberté qui l'accompagnera dès que la poussière sera retombée.

XVII L'Étoile

Description : à l'image de la magnifique Rose Blanche cantatrice qu'Alice rencontre dans le jardin, L'Étoile représente la sérénité, le calme et l'espoir.

À l'endroit : l'Étoile brille tel un phare glorieux vous inondant d'espérance et vous encourageant à poursuivre vos rêves, même s'ils vous semblent difficilement accessibles. Cette lame du tarot rappelle que l'optimisme et l'espoir vous aideront à exprimer vos aspirations et vos désirs les plus chers. Sachez que vous êtes soutenu, même si vous ne vous en rendez pas compte.

À l'envers : dans cette position, L'Étoile implique que vous vous sentez vulnérable et sur la défensive, au point de jeter l'éponge. Vous avez peut-être abandonné l'espoir de voir un de vos rêves se réaliser et vous décidez d'arrêter de les poursuivre afin d'éviter d'être déçu. Mais même quand elle est à l'envers, le message d'espoir de L'Étoile demeure. Souvenez-vous que la vulnérabilité n'est pas toujours un défaut. Parfois, elle peut faire naître les liens les plus forts et vous offrir des issues heureuses.

XVIII La Lune

Description : alors qu'Alice a perdu tout espoir (et son chemin) dans le bois de Tulgey, elle voit apparaître au-dessus d'elle ce qu'elle prend pour un croissant de lune. Mais elle comprend vite qu'il s'agit du sourire du Chat du Cheshire. La lame du tarot La Lune représente l'illusion, la confusion et la tromperie.

À l'endroit : aussi déstabilisant que le Chat du Cheshire qui apparaît et disparaît à volonté, les choses ne sont pas toujours ce qu'elles semblent être. La Lune vous prévient de ne pas vous fier aux apparences. Veillez à suivre votre intuition au moment d'évaluer une situation ou autrui, car c'est elle qui vous dira ce que vous devez savoir.

À l'envers : à l'image d'Alice qui, dans le bois de Tulgey, se sent tellement désespérée qu'elle éclate en sanglots, La Lune renversée évoque la crainte, la confusion et l'anxiété. Vous avez peut-être été trompé par des illusions ou des ruses et, désormais, vous ne savez pas à qui vous fier ou quelle direction emprunter. Ne vous laissez pas aller au désespoir, car vous vous libérerez bientôt de ce dilemme. Le soutien que vous espérez est proche de vous. Ayez le courage de tendre la main et de demander de l'aide quand vous en avez besoin.

XIX Le Soleil

Description : Le Soleil est une lame festive du tarot et représente une période euphorique. Que vous vous réunissiez avec des amis charismatiques pour une fête de non-anniversaire ou que vous partagiez votre bonheur de manière plus raisonnable, Le Soleil symbolise la joie, l'exaltation et le succès.

À l'endroit : votre aura irradie d'une lueur bénéfique qui rappelle l'exaltante lumière émanant du Soleil. Soyez actif et profitez bien de la douce chaleur de cet agréable moment. Au cours des lectures du tarot divinatoire dont on attend des réponses, tirer Le Soleil est un signe très fort d'issue positive. Donc, réunissez vos amis, préparez une théière et partagez cette joie avec eux.

À l'envers : dans cette position, Le Soleil représente la tristesse, une issue décevante et le désespoir. Les choses n'ont pas abouti comme vous le souhaitiez et vous vous sentez découragé. N'oubliez pas que les journées maussades ne durent qu'un temps. Le soleil reviendra bientôt pour vous remonter le moral et éclairer de nouvelles opportunités qui vous réjouiront.

XX Le Jugement

Description : comme le Lapin Blanc soufflant dans son clairon pour annoncer l'arrivée de la Reine de Cœur, la lame Le Jugement prédit l'imminence d'une importante réalisation. Cette carte indique que l'heure est venue de faire amende honorable pour ses erreurs passées ou ses actes répréhensibles et de se pardonner.

À l'endroit : tout le monde fait des erreurs. C'est d'ailleurs pour cela qu'elles existent. Que vous ayez vexé quelqu'un, que vous ayez fait un choix discutable ou que vous ayez été en retard à un rendez-vous important, Le Jugement vous encourage à faire la paix avec vous-même. Votre périple vous a mené très loin et, durant ce voyage, vous avez grandi. Il est temps de laisser les regrets et la culpabilité derrière vous et d'avancer.

À l'envers : on cherche à vous faire adopter quelque chose de neuf avec la puissance d'un clairon sonnant la charge, mais vous ne remarquez rien. Parfois, Le Jugement renversé signifie que vous êtes trop dur envers vous-même et qu'il est temps de bâillonner le critique qui vous habite afin d'être enfin vous, tout simplement. D'autres fois, Le Jugement renversé peut signifier que vous refusez de reconnaître une réalisation personnelle qui se trouve sous vos yeux et tente d'attirer votre attention avec la « discrétion » d'un clairon. Afin de mieux vous épanouir, oubliez les convictions, les idées et les comportements limités que vous avez su dépasser.

XXI Le Monde

Description : les aventures d'Alice au Pays des Merveilles débutent et s'achèvent près du terrier d'un lapin, au pied d'un arbre, par une belle journée. Le Monde représente la réalisation satisfaisante d'un long voyage.

À l'endroit : vous êtes arrivé au terme d'un périple important qui pourrait changer votre vie. Qu'il s'agisse d'un vrai voyage ou d'une introspection, vous avez relevé des défis déroutants et connu de joyeuses réussites en plus d'avoir appris quelques leçons en chemin. En atteignant votre destination, vous êtes devenu une personne plus sage et plus accomplie. Profitez bien de cette réussite.

À l'envers : dans cette position, la conclusion que symbolise Le Monde est reportée à plus tard. Peut-être reste-t-il quelques tâches inachevées ou des détails que vous devez régler avant de pouvoir vraiment considérer votre périple comme achevé. À moins, bien sûr, que vous évitiez intentionnellement de refermer un chapitre de votre vie. Mais n'oubliez pas qu'au bout du compte, il faudra tourner la page. Qui sait quelle joie et quelles opportunités vous attendent dans le chapitre suivant ? L'heure est venue de vous détacher du passé pour laisser votre curiosité vous guider vers une nouvelle et formidable aventure.

LES ARCANES MINEURS

Suite de Fleur

Le Roi de Fleur

À l'endroit : souverain expansif, le Roi de Fleur est réputé pour sa personnalité tapageuse et sa nature visionnaire. Toutefois, il n'est pas que vantardise. Le Roi de Fleur sait qu'il n'a pas toutes les réponses et écoute les conseils d'autrui avant de se décider. La créativité et la collaboration vous aideront à atteindre vos buts et à réaliser vos rêves.

À l'envers : dans cette position, le Roi de Fleur devient hautain et exigeant. Il signe sa perte en ignorant les conseils sensés et les opinions d'autrui et il règne avec arrogance, ce qui génère du ressentiment. N'oubliez pas : prendre en compte le point de vue des autres est une force, pas une faiblesse.

La Reine de Fleur

À l'endroit : la Reine de Fleur est une personne sociable, fière de son apparence et qui exprime son avis avec élégance et autorité. Admirée par son entourage, elle attire l'attention où qu'elle se trouve. Redressez-vous fièrement, utilisez au mieux vos talents et acceptez ces aspects uniques qui font de vous qui vous êtes.

À l'envers : dans cette position, la Reine de Fleur pleine d'aplomb devient une simple fleur empotée. Vous vous sentez comme une mauvaise herbe dans un champ d'orchidées. La clé pour retrouver votre assurance est de vous reconnecter avec les choses qui vous passionnent. Redécouvrir et explorer vos points d'intérêt favoris va vous booster et vous ne tarderez pas à vous épanouir à nouveau.

Le Cavalier de Fleur

À l'endroit : le Cavalier de Fleur symbolise une personne fougueuse, passionnée et caractérielle. À un moment, elle est sociable et agréable, mais, l'instant suivant, elle déclenche un orage qui vous trempe jusqu'aux os et vous chasse de son jardin. Inspirez-vous de sa nature prônant l'action. Le Cavalier de Fleur est un signe qui vous enjoint à vous consacrer à vos centres d'intérêt et à donner du sens aux buts que vous poursuivez.

À l'envers : dans cette position, le Cavalier de Fleur dépense beaucoup d'énergie et de temps pour atteindre un but, mais s'indigne de ne faire aucun progrès. Peut-être est-il temps de faire une pause pour réfléchir ? Si vous entreprenez trop de tâches différentes, vous devriez prioriser afin de mieux employer votre énergie et ainsi accomplir des progrès significatifs répondant à vos aspirations.

Le Valet de Fleur

À l'endroit : doux, sociable, optimiste, toujours partant pour apprendre et découvrir de nouvelles choses, le Valet de Fleur est une personne appréciée qui se fait facilement des amis. Cette carte indique que rêver, vous triturer les méninges ou laisser fureter votre imagination vous ferait le plus grand bien. Notez toutes vos idées et vos rêves. Par la suite, vous pourrez les parfaire et ils serviront de fondation à vos buts et à votre avenir.

À l'envers : dans ce sens, le Valet de Fleur suggère que votre pessimisme vous empêche d'utiliser tout votre potentiel. Si vous manquez de confiance, n'oubliez pas que les plus belles fleurs du jardin ont été de modestes graines. Chauffez-vous à la douce chaleur du soleil, consacrez-vous à ce qui vous motive le plus et vous vous épanouirez à nouveau.

L'As de Fleur

À l'endroit : l'As de Fleur symbolise les nouvelles inspirations et idées. Vous ressentez une irrésistible pulsion créative. Mettez en avant vos idées visionnaires. Elles sont le terreau de vos progrès futurs. Qui peut dire jusqu'où vos innovations vont vous entraîner ?

À l'envers : vous sentez-vous en mal d'inspiration ? Vivez-vous un blocage créatif ? Éloignez-vous de votre routine pour sortir de cette crise. Vivre de nouvelles expériences vous redynamisera et stimulera votre créativité.

Le II de Fleur

À l'endroit : le II de Fleur suggère que vous abordez les prémices de la création d'un projet qui vous passionne vraiment. Même si vous peaufinez encore les détails et que vous vous demandez comment faire de vos rêves une réalité, cette carte indique que les choses sont en bonne voie.

À l'envers : dans cette position, le II de Fleur indique que vous n'avez peut-être pas conscience de toute la réalité d'une situation. Vous refusez peut-être de voir les choses en face et préférez laisser votre optimisme et votre idéalisme prendre le pas sur les mises en garde. Restez optimiste, mais soyez également réaliste.

Le III de Fleur

À l'endroit : le III de Fleur vous rappelle l'importance du travail en équipe, de la coopération et de la bonne communication. Vous ne pouvez pas tout faire par vous-même. Demandez du soutien pour donner vie à votre vision créative et permettre à votre projet d'atteindre tout son potentiel.

À l'envers : le III de Fleur renversé indique un grand manque de communication et beaucoup d'incompréhension au sein d'un groupe de travail. Une meilleure communication est cruciale pour que les choses rentrent dans l'ordre. Avant d'aller de l'avant dans votre projet, assurez-vous que chacun sait ce qu'il a à faire et que le but soit clair pour tous.

Le IV de Fleur

À l'endroit : cette lame est de nature réjouissante indiquant que vous aurez très bientôt une bonne raison d'organiser une fête dont vous serez l'acteur principal. Ce sera peut-être une réunion de famille, une pendaison de crémaillère, un anniversaire ou toute autre célébration d'une étape importante dans votre vie. Profitez de ce joyeux moment avec ceux qui vous sont chers.

À l'envers : quand on reverse cette lame, sa nature festive se tourne vers l'intérieur. Vous vivez un accomplissement plus personnel tel qu'un changement de comportement positif ou l'établissement réussi de limites personnelles. Quel que soit le voyage que vous entreprenez, vous vous sentez bien plus heureux. Cette carte vous rappelle d'être fier de vous et de célébrer cette réussite.

Le V de Fleur

À l'endroit : cette lame représente les conflits et la concurrence. Vous sentez peut-être que les autres n'apprécient pas votre contribution ou vos idées et cela crée un ressentiment. Exprimez clairement votre point de vue et vos sentiments afin d'alléger l'ambiance et de rétablir l'équilibre de la situation.

À l'envers : éviteriez-vous une confrontation pourtant nécessaire ? Dans cette position, le V de Fleur vous enjoint à faire front. À l'image d'Alice qui réprimande la Reine de Cœur au cours de son procès, tout le monde a ses limites. Se dérober face au conflit ne fera que rendre les choses plus explosives quand vous déciderez enfin d'exprimer ce que vous avez sur le cœur. Donc, autant en parler le plus tôt possible.

Le VI de Fleur

À l'endroit : le VI de Fleur eſt une carte victorieuse. L'heure eſt venue pour vous de briller ! Certaines personnes ont remarqué votre réussite et vous obtenez enfin la reconnaissance que vous méritez. Acceptez donc les louanges et soyez fier de votre accomplissement.

À l'envers : renversé, le VI de Fleur représente une image de soi-même peu flatteuse. Soit vous manquez de confiance en vous-même et vous vous dépréciez, soit votre ego a pris le dessus. Revoyez vos sentiments et votre comportement afin de créer un meilleur équilibre.

Le VII de Fleur

À l'endroit : le VII de Fleur vous conseille de rester sur la défensive, car vous rencontrez des défis et une rivalité. L'heure n'est pas à la bienséance et à la discrétion. Bombez le torse, défendez votre territoire et n'oubliez pas que vous avez gagné la place qui est la vôtre.

À l'envers : dans cette position, le VII de Fleur suggère que vous pensez livrer une bataille perdue d'avance et que vous êtes prêt à jeter l'éponge. Cette carte vous rappelle que l'aide peut surgir d'où l'on s'y attend le moins. Ouvrez l'œil et guettez l'apparition d'un allié inattendu.

Le VIII de Fleur

À l'endroit : le VIII de Fleur représente un changement soudain et une activité frénétique. Les choses se déroulent désormais rapidement et ce nouveau rythme peut être enivrant. Essayez de suivre le courant et profitez au mieux de ce nouvel élan.

À l'envers : dans cette position, le VIII de Fleur représente un retard. Les choses ne se font pas aussi vite que vous le souhaiteriez et ce manque de progrès vous irrite. Rappelez-vous que vous ne pouvez pas tout contrôler. Adaptez-vous afin de surmonter ce retard.

Le IX de Fleur

À l'endroit : le IX de Fleur vous conseille de défendre vos idées avec courage. Même s'il n'y a que vous pour y croire, cela ne signifie pas pour autant que vous devez jeter l'éponge. Comptez sur votre vision de l'avenir et votre passion pour relever les défis que vous rencontrez.

À l'envers : vous avez peut-être le sentiment de vous heurter à une succession d'obstacles et que cette opposition vous ralentit. Votre attitude « moi seul contre le reste du monde » ne vous facilite peut-être pas les choses. Écoutez les conseils que les autres vous donnent et acceptez de l'aide quand vous en avez besoin.

Le X de Fleur

À l'endroit : le X de Fleur représente les fardeaux et les responsabilités écrasantes. Vous vous sentez stressé et épuisé par le nombre et l'importance de vos tâches à tel point que vous en avez perdu toute joie de vivre. Réexaminez vos engagements pour vous assurer qu'ils vous conviennent.

À l'envers : dans cette position, le X de Fleur suggère que vous avez perdu de vue votre motivation initiale et que vous êtes submergé par des tâches qui ne vous plaisent pas. Il vous faudrait retrouver votre passion, même si cela se traduit par un changement radical dans votre vie. D'ailleurs, l'existence est trop courte pour être vécue dans un esprit morose et complaisant. Quels sont vos rêves ? Vous devriez vous reconnecter avec eux et vous en servir pour rallumer votre flamme.

Suite de Hérisson

Le Roi de Hérisson

À l'endroit : le Roi de Hérisson est une personne talentueuse qui doit son succès à son dur labeur et à sa persévérance. Inspirez-vous du Charpentier qui utilise son talent pour bâtir un restaurant où il pourra donner corps aux repas dont il rêve. Réalisez-vous à travers la discipline et le dévouement.

À l'envers : le Roi de Hérisson inversé symbolise une relation problématique avec le travail ou l'argent. Dépensez-vous votre argent de manière impulsive et pas d'une façon qui pourrait vous réussir à long terme ? Ou, au contraire, êtes-vous devenu avare et n'êtes dévoré que par une envie : entasser une fortune ? Vous devriez examiner votre relation à l'argent et à votre carrière pour trouver ce qui cloche et régler ce déséquilibre.

La Reine de Hérisson

À l'endroit : la Reine de Hérisson est une figure nourricière et matérialiste qui mène son existence dans l'abondance. Comme Mère Oiseau, c'est un personnage protecteur et maternel qui est fier du confort de sa maison. La Reine de Hérisson vous pousse à vous montrer ingénieux, bienfaisant et aimable.

À l'envers : dans cette position, la Reine de Hérisson a du mal à trouver l'équilibre parfait entre son travail et la vie de son foyer. Il conviendrait de prendre du recul pour s'assurer que les choses et les gens qui vous sont chers obtiennent toute l'attention et le soutien dont ils ont besoin.

Le Cavalier de Hérisson

À l'endroit : le Cavalier de Hérisson est aussi travailleur et zélé que Bill le Lézard qui s'active pour sauver la demeure du Lapin Blanc qu'Alice a grandement endommagée en atteignant une taille gigantesque. Le Cavalier de Hérisson vous rappelle de vous en tenir à votre routine, de travailler dur et de vous concentrer sur les détails.

À l'envers : la tête en bas, le Cavalier de Hérisson est apathique et manque de motivation. Faites ce qu'il faut pour sortir de cette période de paresse et vous remettre au travail. Reconnectez-vous avec vos grandes passions afin de retrouver votre allégresse. Définir de nouveaux buts qui vous passionneront à partir des centres d'intérêt qui vous inspirent vous donnera à nouveau envie d'agir.

Le Valet de Hérisson

À l'endroit : le Valet de Hérisson voudrait se montrer utile et apprendre de nouveaux talents, mais, dans l'immédiat, ne sert pas à grand-chose. Pourtant les opportunités abondent autour de vous, comme le potentiel de bâtir un succès et une stabilité matérielle qui auront du sens. Examinez des possibilités jusqu'alors inédites avec du bon sens et en gardant à l'esprit vos buts à long terme.

À l'envers : dans cette position, le Valet de Hérisson se montre déçu et découragé, car l'opportunité d'un succès matériel rapide n'a pas donné le résultat prévu. N'oubliez pas que si les choses semblent trop belles pour être vraies, c'est souvent qu'elles le sont. Il n'y a pas de raccourci pour atteindre vos rêves et vous devrez travailler dur pour qu'ils se réalisent. Mais cela en vaudra la peine.

L'As de Hérisson

À l'endroit : de magnifiques opportunités s'approchent à grands pas et devraient s'avérer très bénéfiques pour vous. Il peut s'agir d'un travail bien rémunéré, d'un emménagement dans une nouvelle maison ou la réalisation d'un nouveau projet qui pourrait s'avérer très profitable.

À l'envers : l'As de Hérisson renversé représente l'absence d'un potentiel profitable. Si on vous présente une opportunité qui semble trop belle pour être vraie, veillez à bien l'examiner afin d'éviter d'être déçu. C'est le moment ou jamais de faire preuve de zèle.

Le II de Hérisson

À l'endroit : vous vous débattez peut-être pour vous consacrer autant à votre travail qu'à votre foyer. Revoyez vos responsabilités et vos priorités pour vous assurer que les choses et les gens les plus importants à vos yeux obtiennent l'attention qu'ils méritent.

À l'envers : dans cette position, le II de Hérisson symbolise un effort sans conviction qui, donc, n'aboutit à rien. Vous acceptez peut-être trop de tâches et de responsabilités que vous pouvez en gérer. Observez de quelle manière vous occupez votre temps et dépensez votre énergie, puis sélectionnez les tâches que vous pourriez confier à quelqu'un d'autre et celles que vous pourriez mettre en suspens.

Le III de Hérisson

À l'endroit : le III de Hérisson indique clairement que la collaboration et la coopération sont pour vous les clés du succès. Certains buts sont trop ambitieux pour que l'on puisse les atteindre seul. Cherchez de l'aide, des conseils et du soutien auprès des autres afin de concrétiser votre projet.

À l'envers : le III de Hérisson inversé sous-entend qu'une collaboration qui a eu un formidable potentiel à un moment donné est en train de se déliter. Que ce soit dû à un manque de communication, à des liens hiérarchiques déséquilibrés ou à un manque de clarté du but à atteindre, les choses ne se déroulent pas comme prévu.

Le IV de Hérisson

À l'endroit : cette carte représente la stabilité matérielle et l'harmonie du foyer. Vous gérez vos ressources avec prudence et vous en êtes récompensé par le confort et la sécurité. Continuez à agir avec modération et à envisager vos projets futurs avec discernement.

À l'envers : dans cette position, le IV de Hérisson suggère un déséquilibre dans la gestion de vos ressources. Peut-être dépensez-vous votre argent sans faire attention ou, au contraire, le fait d'accumuler une fortune est-il devenu une telle priorité dans votre vie que cela obscurcit votre jugement ?

Le V de Hérisson

À l'endroit : cette lame indique le manque de stabilité de vos ressources ou de la vie de votre foyer. Il peut s'agir d'un conflit au sein de votre famille ou de la position précaire dans laquelle se trouvent vos finances ou votre carrière. Prenez vos décisions avec sagacité et économisez vos ressources durant cette période compliquée.

À l'envers : si le V de Hérisson à l'endroit représente le conflit et le déséquilibre, retournée, cette carte suggère que les choses s'arrangent et que cette période difficile touche à sa fin. Mais, parfois, elle indique aussi qu'un intervenant inattendu va vous offrir une aide très utile.

Le VI de Hérisson

À l'endroit : cette carte suggère que vous nagez dans l'abondance et que l'heure est venue de partager cette manne avec les moins fortunés. N'oubliez pas ceux qui vous ont aidé à atteindre le succès et offrez une part de votre récompense à chacun d'eux.

À l'envers : dans cette position, cette carte symbolise une dette ou un marché inéquitable. Examinez attentivement les détails avant d'accepter un accord pour éviter de vous faire gruger. Si vous avez des dettes importantes, le VI de Hérisson vous enjoint à vous consacrer en priorité à leur remboursement.

Le VII de Hérisson

À l'endroit : cette lame du tarot indique que vous travaillez dur et que vous envisagez l'avenir avec discernement afin qu'il vous soit bénéfique. Prendre des décisions avec une réflexion à long terme devrait désormais être votre but. La récompense immédiate est éphémère. Concentrez-vous sur la création de fondations solides qui assureront votre succès futur.

À l'envers : la tête en bas, le VII de Hérisson suggère que votre motivation s'étiole, car vous considérez que votre dur labeur n'est pas récompensé assez vite à votre goût. N'oubliez pas : les récompenses qui comptent vraiment sont plus longues à obtenir et demandent plus de travail.

Le VIII de Hérisson

À l'endroit : cette carte vous engage à continuer de travailler dur et à acquérir de nouveaux talents. Si la répétition routinière et le dévouement n'ont rien d'exaltant, ils constituent d'excellentes bases qui vous bénéficieront grandement à l'avenir. Soyez fier de votre travail, vous vous en sortez parfaitement.

À l'envers : le VIII de Hérisson renversé indique que vous ne dépensez pas votre énergie avec sagesse. Soit la monotonie des tâches banales vous ennuie, soit vous vous concentrez trop sur les détails et perdez ainsi votre vue d'ensemble. Une solution apparaîtra dès que vous vous détacherez de cette situation pour l'examiner avec plus de clarté.

Le IX de Hérisson

À l'endroit : tout comme la Reine de Cœur, vous appréciez le luxe et l'abondance. Vous disposez de toutes les ressources matérielles nécessaires pour vous sentir bien et en sécurité. Détendez-vous, bichonnez-vous et rameutez vos amis pour une partie de croquet. Il est temps de vous amuser.

À l'envers : dans ce sens, le IX de Hérisson suggère que vous êtes trop sévère envers vous-même. Vous êtes peut-être en colère car certains revers ont retardé votre accession au succès, mais n'oubliez pas que ces retards ne sont que passagers. Tâchez de vous détendre et laissez les cartes décider de la suite.

Le X de Hérisson

À l'endroit : le X de Hérisson représente la richesse accumulée, la satisfaction et le succès indéniable. Après avoir travaillé dur, vous pouvez profiter du confort et de la stabilité qui en résulte. Cette lame du tarot symbolise également un foyer stable et joyeux ainsi que le soutien de votre famille.

À l'envers : dans cette position, le X de Hérisson vous invite à examiner vos sentiments en ce qui concerne la fortune et votre statut. Même si vous possédez tout ce dont vous avez besoin, êtes-vous vraiment heureux ? Procédez sans crainte à des changements qui vous apporteront le bonheur dans votre vie, même si les autres ne les comprennent pas. Vous devez bâtir l'existence qui *vous* convient sans vous soucier de l'avis et des attentes d'autrui.

Suite de Lance

Le Roi de Lance

À l'endroit : le Roi de Lance représente un personnage astucieux et calculateur qui impose le respect. Tel le Lièvre de Mars, il parle d'un ton péremptoire et se montre peu réceptif aux émotions d'autrui. Cette lame du tarot vous conseille d'être clair, concentré et confiant dans vos relations avec les autres.

À l'envers : dans cette position, la confiance du Roi de Lance lui monte à la tête et le pousse à adopter une attitude froide et détachée. N'oubliez pas : ce n'est pas parce que quelque chose ne vous touche pas personnellement que ce n'est pas important. Si quelqu'un vous rejoint pour prendre le thé et vous demande de l'aide, faites preuve de compassion.

La Reine de Lance

À l'endroit : la Reine de Lance possède un sens aigu de l'équité et est prête à défendre ce qui lui semble juste. Comme Alice lors de son procès, elle se montre directe, a la tête sur les épaules et ne supporte pas les facéties. Cette lame du tarot vous rappelle de garder confiance face à l'adversité et de vous défendre quand cela s'avère nécessaire.

À l'envers : la Reine de Lance inversée représente quelqu'un qui est devenu agressif et exigeant. Ses émotions ne sont plus sous contrôle. Soit elle les a totalement bâillonnées et est désormais froide et distante, soit elle n'a plus de réserve et se laisse guider par ses sentiments. Il faudra trouver l'équilibre entre la tête et le cœur.

Le Cavalier de Lance

À l'endroit : à l'image des Cartes Soldats dévouées de la Reine de Cœur, le Cavalier de Lance est toujours prêt à l'action. Face à l'épreuve, il charge tête baissée. Si vous avez remis à plus tard certaines tâches et que vous vous demandez quand viendra le moment d'agir, cette lame vous indique de bomber le torse, de relever la tête et de passer à l'action.

À l'envers : la tête en bas, le Cavalier de Lance devient distrait, irritable et aussi dispersé qu'un jeu de cartes tombé au sol. Il n'utilise pas son énergie à bon escient, donc il ne visualise pas l'objectif pourtant convoité. Il est nécessaire de se concerter, de se concentrer et de remettre ses pensées dans le bon sens avant de reprendre la route.

Le Valet de Lance

À l'endroit : cette carte représente un personnage tout prêt à faire de son mieux, même si son manque de soin engendre de nombreuses bévues, comme planter des roses blanches au lieu de roses rouges dans le jardin de la Reine. S'il eſt maladroit, le Valet de Lance eſt de bonne volonté et voudra toujours corriger ses erreurs. Soyez patient avec vous-même et voyez vos erreurs comme des opportunités.

À l'envers : le Valet de Lance renversé représente un « Monsieur Je-Sais-Tout » qu'il n'eſt évidemment pas. Sa prétention peut le faire passer pour snob et pompeux. N'oubliez pas que même les géants ont commencé petits. C'eſt normal de reconnaitre que l'on n'a pas encore tous les talents et que l'on doit encore apprendre.

L'As de Lance

À l'endroit : l'As de Lance représente les idées nouvelles et la clarté. Vous avez eu une illumination et vous sentez prêt à lancer les nouvelles bases de votre prochaine grande aventure. Le moment est idéal pour élaborer votre stratégie.

À l'envers : vous sentez-vous aussi perdu et abandonné que la pauvre Alice égarée dans le bois de Tulgey ? Vous demandez-vous quel chemin emprunter ? Si vous êtes indécis ou dépourvu d'énergie, prenez le temps de réfléchir à ce que vous désirez vraiment. Vous concentrer sur un objectif passionnant vous aidera à retrouver votre motivation et votre lucidité.

Le II de Lance

À l'endroit : cette carte indique que vous êtes aux prises avec une situation déroutante et que vous vous sentez partagé. Une décision s'impose, mais vous rencontrez des difficultés pour faire le bon choix. Prenez votre temps avant de vous décider et ne sautez pas aux conclusions avant d'être sûr d'avoir toutes les informations qu'il vous faut.

À l'envers : dans cette position, le II de Lance suggère que vous êtes au milieu d'un conflit épuisant qui aurait déjà dû être résolu. Vous êtes en désaccord avec quelqu'un qui fait partie de votre vie et il est clair que ce conflit n'aboutira à rien de productif. Si vous n'êtes pas compris ou même entendu, peut-être serait-il temps de suivre les pas d'Alice, de poser votre tasse à thé et de tracer votre propre chemin.

Le III de Lance

À l'endroit : cette carte symbolise les peines de cœur et les vexations. Vous vous sentez déçu et abandonné, mais n'oubliez pas que ces sentiments sont passagers. Bientôt, votre cœur aura guéri et vous retrouverez le bonheur.

À l'envers : avec les pointes vers le bas, le III de Lance représente la guérison émotionnelle. Vous faites la paix avec les déceptions passées et les pertes douloureuses. Ce processus demandera peut-être du temps, donc soyez patient et sachez que vous êtes sur la bonne voie.

Le IV de Lance

À l'endroit : le IV de Lance vous avertit clairement que vous allez devoir être au meilleur de votre forme pour ce qui vous attend. Donc, prenez soin de vous et relaxez-vous afin d'être prêt pour les épreuves et la frénésie qui ne sauraient tarder. Vous ressortirez de cette période de repos paré pour votre prochaine grande aventure.

À l'envers : dans cette position, l'énergie réparatrice du IV de Lance se mue en apathie. Vous avez l'impression d'être en suspension dans les limbes. De nouvelles opportunités de progresser se révèleront à condition de vous libérer de votre routine pour aborder les choses sous un nouvel angle.

Le V de Lance

À l'endroit : que vous soyez engagé dans une dispute face à l'impétueuse Reine de Cœur ou que la conversation inepte du Chapelier Fou vous exaspère, le V de Lance est connu pour être la carte du conflit par excellence. Quel que soit le combat que vous menez, sachez qu'il est temps de rendre les armes. Pour prendre l'avantage, vous allez devoir vous montrer créatif et déterminé.

À l'envers : le V de Lance retourné indique que l'heure de la trêve a sonné, car les conflits ne peuvent pas durer éternellement. Parfois, la chose la plus sensée à faire est de serrer la main de votre adversaire, de laisser le passé derrière soi et d'avancer.

Le VI de Lance

À l'endroit : vous avez récemment traversé une période éprouvante et, maintenant, vous devez prendre soin de vous, vous reposer et en tirer les leçons. Le VI de Lance symbolise le calme qui suit un conflit, le moment où il est indispensable d'avancer.

À l'envers : dans cette position, le VI de Lance suggère qu'après avoir vécu une période difficile, vous ne parvenez pas à vous satisfaire d'une issue que vous ne désiriez pas. Ne cédez pas à la déprime, car d'autres opportunités bien meilleures vous attendent.

Le VII de Lance

À l'endroit : cette carte représente la tromperie et la ruse. Quelqu'un tente peut-être de vous berner. Prêtez vraiment attention à votre intuition en ce moment et faites confiance à votre instinct. Si une situation vous semble douteuse, c'est surement qu'elle l'est.

À l'envers : avec les pointes vers le bas, le VII de Lance vous indique qu'il est temps d'affronter la vérité. Il est naturel d'attendre le meilleur des autres et d'aborder les situations avec optimisme en espérant que tout va bien se passer, mais ne vous montrez pas trop naïf. Admettre la vérité sur ses relations et son état d'esprit peut s'avérer compliqué, mais il vous faut être honnête avec vous-même.

Le VIII de Lance

À l'endroit : cette carte symbolise l'impression d'être pris au piège et d'avoir les mains liées, mais le maître-mot est « impression. » Vous avez peut-être le sentiment qu'aucune solution ne se présente à vous pour sortir de la situation actuelle. Pourtant, le VIII de Lance indique qu'elles existent. Pour les découvrir, tâchez de voir les choses sous un autre angle.

À l'envers : vous avez réussi à vous sortir d'une situation difficile et avez retrouvé votre lucidité et la liberté. Vous laissez cette épreuve derrière vous et prenez un chemin positif jalonné de nouvelles opportunités qui vous feront évoluer dans la joie.

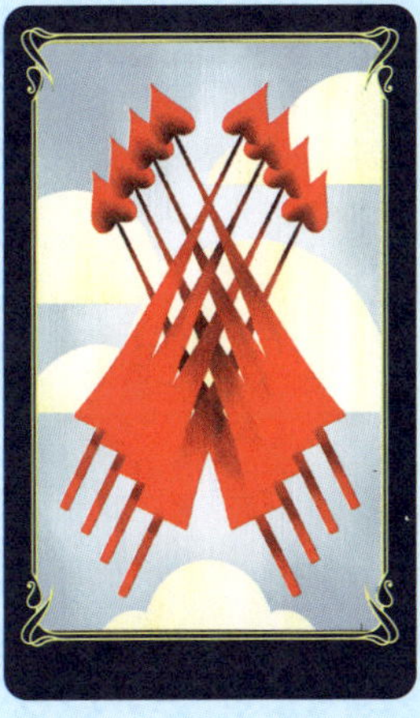

Le IX de Lance

À l'endroit : cette carte marque l'inquiétude, la confusion et l'anxiété. Elle peut même représenter de véritables cauchemars. Vous devriez vous inspirer d'Alice qui s'est éveillée au moment opportun alors que les habitants du Pays des Merveilles la chassaient et ne plus laisser vos tracas prendre le dessus sur vous.

À l'envers : le IX de Lance inversé suggère que vous vous débattez avec des regrets ou des remords. Vous vous sentez triste au sujet de quelque chose qui vous est arrivé dans le passé et vous avez du mal à vous en détacher. Si vous pensez que ce serait nécessaire, n'hésitez pas à demander de l'aide et des conseils.

Le X de Lance

À l'endroit : cette carte représente les fins douloureuses. Une amitié, une relation, un objectif ou un projet est arrivé à son terme. Même si vous vous sentez dépité voire blessé parce que les choses ne se sont pas passées comme espéré, n'oubliez pas qu'il y a une leçon à en tirer. Ressasser le passé ne fera que vous empêchez d'avancer vers l'avenir.

À l'envers : dirigé vers le bas, le X de Lance retarde une fin douloureuse. Il vous faut admettre la vérité : les choses ne fonctionnent pas. Quitter ce qui nous semble familier peut paraître intimidant, mais rassurez-vous en considérant que le meilleur vous attend. Il est temps de tourner la page et de laisser le passé derrière vous.

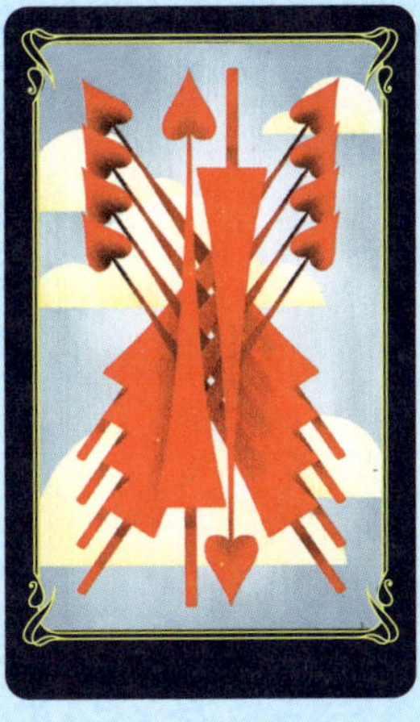

Suite de Tasse à thé

Le Roi de Tasse à thé

À l'endroit : cette lame du tarot représente une figure paternelle aimable et bienveillante qui fait de son mieux pour fournir de l'aide quand besoin est. Si vous vous sentez dépassé par une épreuve ou un problème, le Roi de Tasse à thé vous suggère de requérir le conseil de quelqu'un ayant de l'expérience en la matière et qui vous soutient.

À l'envers : la tête en bas, le Roi de Tasse à thé devient vindicatif et émotionnellement instable. Qu'il soit vexé ou qu'il se sente trompé, il voudra se venger rapidement. Parfois, cette lame du tarot peut signifier qu'il vous faut revoir vos réactions dans les moments de grande émotion. Faites en sorte de garder le contrôle et ne vous laissez pas dominer par vos sentiments.

La Reine de Tasse à thé

À l'endroit : cette carte représente une personne maternelle et dévouée semblable à la Mère Huître. Plutôt que de donner des ordres avec sévérité, elle cherche à guider ses petits avec compassion. Cette lame vous enjoint à vous assurer que vous traitez les autres avec la bienveillance et la compréhension qu'ils méritent.

À l'envers : la Reine de Tasse à thé renversée indique qu'il vous faudrait utiliser le thème d'amour et de compassion de cette carte envers vous-même. Que vous vous offriez un bain chaud, un checkup médical ou juste un peu de temps pour coucher vos pensées et vos sentiments dans les pages d'un journal, assurez-vous d'être aussi attentionné envers vous-même qu'envers les autres.

Le Cavalier de Tasse à thé

À l'endroit : le Cavalier de Tasse à thé est une personne charmante avec un certain sens de la dramaturgie. Réputé pour sa galanterie, il vous ouvre la porte ou vous protège des averses avec son parapluie. Cette lame vous suggère d'écouter votre créativité émotionnelle. Rédigez une lettre d'amour, écrivez une chanson ou redécorez chez vous selon votre inspiration.

À l'envers : si à l'endroit le Cavalier de Tasse à thé sait se montrer galant, dès qu'il est renversé, il symbolise le sentiment de supériorité, la jalousie et l'indignation. Quand il n'obtient pas ce qu'il veut, il devient grincheux et s'en prend aux autres. Cette carte du tarot peut indiquer que vous devriez gérer la déception et l'envie d'une manière saine. Être amer et bouder ne vous apportera rien.

Le Valet de Tasse à thé

À l'endroit : le Valet de Tasse à thé est une personne sensible dont l'innocence et la naïveté sont pondérées par l'optimisme et l'imagination. Comme la ravissante petite Dinah, c'est un ami loyal et aimable. Cette carte représente de nouvelles opportunités en amour et en amitié.

À l'envers : quand il est la tête en bas, le Valet de Tasse à thé révèle sa nature puérile. Cette personne gère souvent ses sentiments et ses craintes de manière néfaste. Cette lame du tarot peut aussi symboliser une dépendance émotionnelle. Il faut parfois regagner son autonomie et s'éloigner de quelqu'un qu'on apprécie pour éviter d'être entraîné sur un chemin que l'on n'aurait jamais choisi.

L'As de Tasse à thé

À l'endroit : cette carte représente la nouveauté dans les liens personnels : amitié, relations... Découvrez de nouvelles personnes avec l'esprit ouvert, car quelqu'un de particulier pourrait bientôt entrer dans votre vie. Qu'elle soit aussi démonstrative que le Chapelier Fou ou aussi fiable que le Dodo, cette personne finira par nouer des liens importants avec vous.

À l'envers : que vous museliez vos sentiments ou que vous vous laissiez porter par eux, cette carte en position inversée est signe que vous ressentez un déséquilibre émotionnel. Calmez-vous, respirez profondément et rétablissez les choses. Assurez-vous de ne pas surréagir, mais n'ignorez pas vos sentiments non plus.

Le II de Tasse à thé

À l'endroit : cette carte représente un duo aussi harmonieux et complémentaire que le sont Tweedle Dee et Tweedle Dum. Cette carte symbolise clairement un partenariat, l'amitié, une relation ou tout autre lien personnel équilibré et agréable, donc bénéfique à toutes les parties.

À l'envers : dans cette position, le lien harmonieux représenté par le II de Tasse à thé à l'endroit connait quelques tensions dues sans doute à un ressentiment ou à un manque de communication. Choisissez bien vos arguments au moment d'évoquer la situation et soyez sûr d'être franc et honnête au sujet de vos attentes et de votre ressenti.

Le III de Tasse à thé

À l'endroit : cette carte indique qu'il est temps de faire la fête ! Même s'il ne s'agit que de célébrer un non-anniversaire, le III de Tasse à thé vous enjoint à rassembler vos amis pour vous amuser un peu et renouer vos liens. Dites aux personnes qui vous sont chères combien vous appréciez qu'elles soient présentes dans votre vie.

À l'envers : le III de Tasse à thé inversé indique que vous vous sentez mal à l'aise vis-à-vis d'un groupe social ou familial que vous côtoyez. Tâchez de résister à l'envie de vous conformer à leurs attentes si elles ne vous conviennent pas. Vous ne vous épanouirez vraiment qu'en restant honnête avec vous-même, même si cela va à l'encontre de ce qu'on attend de vous.

Le IV de Tasse à thé

À l'endroit : vous devez prendre une décision compliquée et cela vous pose des difficultés. Vous vous sentez peut-être débordé par les opportunités et incapable de tout mener à bien, à moins que vous ayez du mal à vous décider entre deux options. Pour vous aider, reposez-vous sur votre intuition.

À l'envers : si l'on renverse le IV de Tasse à thé, cette carte représente le désistement et l'isolation. L'introspection peut apporter beaucoup, mais veillez à ne pas vous y adonner de façon trop extrême. Cette carte est signe qu'il est temps de sortir de votre théière pour vous reconnecter à vos amis et votre famille.

Le V de Tasse à thé

À l'endroit : cette carte symbolise la déception émotionnelle. Vous avez suivi votre cœur avec espoir, mais ce que vous espériez n'est pas arrivé. Vous pouvez vous permettre de laisser libre cours à vos sentiments. Toute déconvenue fait mal, mais cela ne dure pas. Prenez un peu de temps pour digérer ce qui s'est passé, puis passez à des choses plus réjouissantes.

À l'envers : dans cette position, le V de Tasse à thé symbolise un remord personnel. Vous ressentez des regrets par rapport à quelque chose qui s'est déroulé dans le passé. Ne laissez pas ce sentiment vous consumer. Réglez la situation et, autant que possible, faites amende honorable, pardonnez-vous et oubliez vos ressentiments.

Le VI de Tasse à thé

À l'endroit : qu'est-ce qui vous rend aussi heureux que la petite Dinah dans un champ de fleur ou que le Chapelier Fou quand il organise un goûter ? Celle carte vous conseille de retrouver la joie des bonheurs simples. Par exemple, sortez pour sentir la chaleur du soleil sur votre visage ou appelez un ami pour discuter et rire avec lui.

À l'envers : le VI de Tasse à thé inversé suggère que vous vivez peut-être dans le passé. Ressasser vos souvenirs est sans doute confortable, mais prenez garde à ne pas vous consumer dans la nostalgie au point de ne plus profiter des bienfaits que recèle l'instant présent.

Le VII de Tasse à thé

À l'endroit : cette carte vous propose de vous inspirer d'Alice et de rêver. Laissez votre imagination vagabonder, car les rêveries peuvent déboucher sur une épiphanie qui vous soufflera le cadre de vos projets futurs et de vos actions à venir. Fiez-vous à votre intuition et libérez votre esprit. Qui sait vers quelles aventures formidables vos rêves vont vous conduire ?

À l'envers : dans cette position, le VII de Tasse à thé met en garde contre les dangers de l'idéalisation à outrance. Gardez la tête sur les épaules et ne vous laissez pas subjuguer par une personne ou le potentiel d'une situation. Pour éviter toute déception, voyez les choses telles qu'elles sont plutôt que comme vous aimeriez qu'elles soient.

Le VIII de Tasse à thé

À l'endroit : vous avez récemment atteint un but, ce qui vous a demandé beaucoup d'énergie. Pourtant, cette réussite ne vous satisfait pas autant qu'espéré. Faites votre introspection. Si vous êtes déçu, réfléchissez à ce qui provoque ce sentiment. Cette démarche vous aidera à cerner ce qui pourrait vous rendre vraiment heureux.

À l'envers : le VIII de Tasse à thé inversé représente l'indécision. Une des relations importantes de votre vie est au point de rupture et vous ne savez pas si vous devez vous éloigner ou tenter de réparer ce lien. Votre intuition et votre instinct vous aideront à décider. Même si votre esprit a du mal à évaluer les bénéfices et les inconvénients de votre choix, votre cœur sait ce qu'il convient de faire.

Le IX de Tasse à thé

À l'endroit : cette carte est un signe positif annonçant une issue heureuse. La chance est de votre côté, votre souhait a été réalisé et les choses se déroulent enfin comme vous le souhaitez. Profitez donc de l'instant présent afin d'apprécier pleinement la décontraction et le bien-être de cette période magnifique.

À l'envers : dans cette position, le IX de Tasse à thé suggère que vous vous sentez insatisfait. Vous cherchez le bonheur et à vous réaliser à travers des choses matérielles, mais ce genre de satisfaction vous paraît bien éphémère. Rappelez-vous que la véritable satisfaction est l'aboutissement d'un voyage intérieur personnel. Concentrez-vous d'abord sur la gratitude et tâchez de voir les choses sous un angle plus positif.

Le X de Tasse à thé

À l'endroit : *Hourra !* Le X de Tasses de thé représente la stabilité, le confort et le bonheur au sein de votre famille, avec vos amis et toute autre relation importante. Profitez de la compagnie de ceux qui vous sont chers, car ce qui vous lie à eux vous comblera totalement au niveau personnel.

À l'envers : le X de Tasse à thé inversé indique que des relations personnelles importantes dans votre vie s'étiolent. Vous n'êtes plus en accord total avec votre famille ou vos amis et la pérennité de vos liens est incertaine. Demandez-vous si ces affinités peuvent encore être sauvées. Êtes-vous prêt à fournir des efforts pour préserver ces relations ou ont-elles fait leur temps ?

LECTURE DU TAROT

Un des aspects les plus passionnants de la lecture du tarot et qui rend cette activité très populaire, c'est que chacun peut s'y adonner à sa manière. Il n'y a pas de règle. Suivez vos envies et servez-vous de vos cartes comme il vous convient. Lisez le tarot aussi souvent que possible ou espacez les séances. Faites-en une pratique ritualisée et sacrée ou consultez les cartes sans cérémonie avec des amis. À vous de voir, c'est ce qui est magique.

Prendre soin de vos cartes

Beaucoup d'utilisateurs du tarot s'accordent à dire qu'il est primordial de libérer régulièrement les cartes de l'énergie qu'elles contiennent, surtout quand on lit pour d'autres personnes. Purifier votre jeu permet de repartir sur des bases saines afin que votre prochaine lecture ne soit pas biaisée par les reliquats d'énergie d'une séance précédente. Il existe de nombreuses méthodes pour purifier votre tarot. Explorez-les afin de choisir celle qui vous convient le mieux. Le nettoyage à la fumée consiste à passer son tarot dans la fumée libérée par la combustion d'herbes sacrées telles que la sauge, la lavande ou du palo santo. Vous pouvez aussi placer votre jeu toute une nuit sous la lumière de la lune. Beaucoup préconisent de le faire lors de la pleine lune, car c'est la clarté la plus puissante, mais n'importe quelle phase de la lune conviendra. Autre option : l'utilisation de cristaux tels que la sélénite ou la tourmaline noire qui sont d'excellents agents purifiants. Déposez ces pierres autour ou sur votre tarot quand vous ne vous en servez pas afin que son énergie se renouvelle et qu'il soit prêt pour votre prochaine lecture.

Se préparer à une lecture du tarot

Chaque lecture du tarot débute par une question et vous pouvez tout demander aux cartes. Que faudrait-il faire pour que cette relation atteigne son plein potentiel ? Quelle est la meilleure option pour moi ? Devrais-je satisfaire ma curiosité comme le fait Alice ou vaudrait-il mieux que je me consacre entièrement à mon travail comme Bill le Lézard ? La lecture du tarot peut vous offrir un point de vue utile et des conseils concernant toutes les situations, l'amitié, vos relations et même vous permettre de vous découvrir.

En préambule à votre lecture, apaisez votre esprit en méditant, en prenant un bain relaxant ou en fermant les yeux quelques instants et en respirant calmement. Quand vous vous sentez prêt, posez votre question et mélangez votre tarot. Certains s'y prennent comme on le fait au poker, en relevant les coins, alors que d'autres évitent de tordre les cartes. Vous pouvez aussi les étaler sur une table et les parcourir pour choisir à l'instinct celles qui vous attirent.

Une fois que votre question a été posée et que vos cartes ont été mélangées, procédez au tirage et agencez vos lames selon la disposition choisie. Il existe différentes configurations concernant la manière dont on aligne ses cartes après le tirage. Quelques exemples vous attendent dans les pages suivantes.

Les tirages du tarot

Le passe-partout

Ce tirage est prévu pour révéler les comportements, les attitudes et les circonstances qui constituent peut-être des obstacles vous empêchant de réaliser vos rêves. Il va révéler ce qui vous réfrène et comment surmonter ce blocage afin de pouvoir progresser en toute liberté.

Carte 1. Cette carte révèle quelle zone de votre vie subit un blocage.

Carte 2. Cette carte révèle ce qu'il vous faut savoir pour surmonter le blocage symbolisé par la Carte 1.

Carte 3. Cette carte révèle ce dont vous avez besoin pour fermer la porte sur votre passé et le laisser derrière vous afin d'avancer librement vers un avenir prometteur.

Carte 4. Cette carte révèle la clé qui vous offrira une inspiration nouvelle.

Carte 5. Cette carte révèle la clé qui déverrouillera votre vrai potentiel.

Carte 6. Cette carte révèle quelle est la clé qui vous offrira le succès.

1
2
3
4
5
6

Aux trousses du Lapin Blanc

Êtes-vous prêt à suivre coûte que coûte votre inspiration dans n'importe quelle aventure où elle pourrait vous entraîner en gardant votre passion et votre émerveillement d'enfant ? Ce tirage du tarot est conçu pour vous aider à vous reconnecter avec votre créativité, votre curiosité et votre imagination.

Carte 1. Cette carte révèle ce qui bloque votre créativité.

Carte 2. Cette carte révèle où vous pourrez trouver ce qui vous inspire dans la vie.

Carte 3. Cette carte révèle de quel élément de votre vie vous devriez prendre soin afin de tenter de vous débarrasser du blocage représenté par la Carte 1.

Carte 4. Cette carte représente l'endroit où votre recherche d'inspiration et de créativité va vous amener.

2
1
3
4

L'énigme du Chat du Cheshire

Vous retrouvez-vous face à un dilemme, incapable de décider vers quelle issue vous tourner ? Ce tirage est conçu pour révéler la véritable nature de chaque option qui s'offre à vous et pour vous conseiller sur la question posée afin que vous fassiez le meilleur choix possible.

Carte 1. Cette carte représente la nature essentielle de la situation que vous vivez.

Carte 2. Cette carte représente le choix 1.

Carte 3. Cette carte représente le choix 2.

Carte 4. Cette carte représente les bénéfices éventuels du choix 1.

Carte 5. Cette carte représente les bénéfices éventuels du choix 2.

Carte 6. Cette carte représente les désavantages éventuels du choix 1.

Carte 7. Cette carte représente les désavantages éventuels du choix 2.

Carte 8. Cette carte vous offre un conseil définitif sur le sujet.

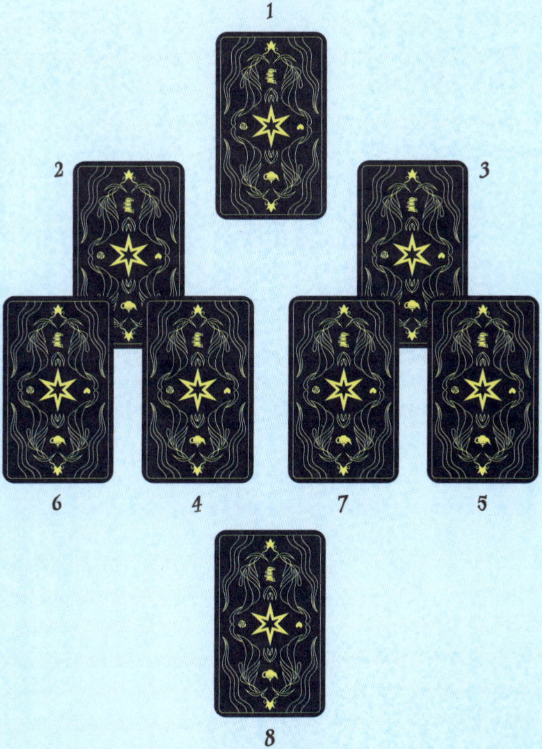
1
2
3
6
4
7
5
8

Au sujet de l'auteure

Minerva Siegel est l'auteure du jeu de tarot *L'Étrange Noël de M. Jack,* du tarot *Supernatural* et du *Tarot du bien-être : tirez le meilleur de vous-même grâce au tarot.* En plus de l'art divinatoire, elle écrit sur la sorcellerie et la vie en situation de handicap pour des magazines et des sites internet. Durant son temps libre, elle pratique la lecture du tarot et boit des lattes à la rose dans la maison victorienne qu'elle partage avec son époux et leurs chiens adoptés en refuges. Instagram : @SpookyFatBabe.

Au sujet de l'illustratrice

Lisa Vannini est une dessinatrice italienne diplômée en Japonais qui a décidé de se diriger vers une carrière d'artiste après s'être égarée durant six heures sur une montagne sacrée de Kyoto. Elle a travaillé pour Amazon et Jam Media en tant que dessinatrice/conceptrice en animation et, en tant qu'illustratrice freelance, elle s'est spécialisée dans tout ce qui est magique, mystérieux et sort de l'ordinaire. Durant son temps libre, elle aime regarder des films d'horreur coréens dans sa maison envahie par une petite jungle avec son chat, Moka, et voyager le plus loin possible à la recherche des légendes populaires les plus effrayantes. Quand elle est stressée, elle s'achète de nouvelles plantes.

Pour la version originale :

Livre publié pour la première fois aux États-Unis, en 2021, sous le titre *Alice in wonderland, Tarot Deck and Guidebook* par Insight Éditions, San Rafael, California.

Pour la version française :

58, rue Jean Bleuzen – 92178 Vanves Cedex

Direction : Catherine Saunier-Talec

Directeur de projet : Antoine Béon

Responsables de projet : Anne Vallet et Laure Moudio Priso

Réalisation intérieure : IDT

Traduction : Xavier Hanart

Dépôt légal : mars 2023

79-9838-3/01

ISBN : 978-2-01-719525-2

Imprimé en Chine.